谋略始祖姜尚

◎◎ 主编 金开诚

◎◎ 编著 管宝超

吉林出版集团有限责任公司

吉林文史出版社

图书在版编目（CIP）数据

谋略始祖——姜尚 / 管宝超编著 . 一长春：吉林
出版集团有限责任公司：吉林文史出版社，2010.11（2022.1重印）
ISBN 978-7-5463-4153-8

Ⅰ.①谋… Ⅱ.①管… Ⅲ.①吕尚－传记 Ⅳ.
①K827＝24

中国版本图书馆 CIP 数据核字（2010）第 222288 号

谋略始祖——姜尚

MOULUE SHIZU JIANGSHANG

主编/ 金开诚　编著/管宝超

项目负责/崔博华　责任编辑/崔博华　高原媛

责任校对/高原媛　装帧设计/柳甬泽　徐　研

出版发行/吉林文史出版社　吉林出版集团有限责任公司

地址/长春市人民大街4646号　邮编/130021

电话/0431-86037503　传真/0431-86037589

印刷/三河市金兆印刷装订有限公司

版次/2010 年 11 月第 1 版　2022 年 1 月第 7 次印刷

开本/650mm×960mm　1/16

印张/9　字数/30千

书号/ ISBN 978-7-5463-4153-8

定价/34.80元

前　言

　　文化是一种社会现象，是人类物质文明和精神文明有机融合的产物；同时又是一种历史现象，是社会的历史沉积。当今世界，随着经济全球化进程的加快，人们也越来越重视本民族的文化。我们只有加强对本民族文化的继承和创新，才能更好地弘扬民族精神，增强民族凝聚力。历史经验告诉我们，任何一个民族要想屹立于世界民族之林，必须具有自尊、自信、自强的民族意识。文化是维系一个民族生存和发展的强大动力。一个民族的存在依赖文化，文化的解体就是一个民族的消亡。

　　随着我国综合国力的日益强大，广大民众对重塑民族自尊心和自豪感的愿望日益迫切。作为民族大家庭中的一员，将源远流长、博大精深的中国文化继承并传播给广大群众，特别是青年一代，是我们出版人义不容辞的责任。

　　本套丛书是由吉林文史出版社和吉林出版集团有限责任公司组织国内知名专家学者编写的一套旨在传播中华五千年优秀传统文化，提高全民文化修养的大型知识读本。该书在深入挖掘和整理中华优秀传统文化成果的同时，结合社会发展，注入了时代精神。书中优美生动的文字、简明通俗的语言、图文并茂的形式，把中国文化中的物态文化、制度文化、行为文化、精神文化等知识要点全面展示给读者。点点滴滴的文化知识仿佛颗颗繁星，组成了灿烂辉煌的中国文化的天穹。

　　希望本书能为弘扬中华五千年优秀传统文化、增强各民族团结、构建社会主义和谐社会尽一份绵薄之力，也坚信我们的中华民族一定能够早日实现伟大复兴！

目录

一、历史时代，生平著作

（一）炎帝远裔，出生东吕

姜尚，姜姓，吕氏，名望，字子牙，号飞熊。商朝末年人，其始祖四岳伯夷佐大禹治水有功而被封于吕地，因此得吕氏。姜太公为炎帝神农氏54世孙，伯夷36世孙。为周文王、武王、成王、康王四代太师，封齐王，妻名申姜，共有13子（丁、壬、年、奇、枋、绍、骆、铭、青、易、尚、其、

佐），女邑姜封周武王妃、皇后。公元前
1211年，殷朝庚丁八年己酉年出生于东海
上（《史记·齐太公世家》）；公元前1072
年戊辰年，周康王六年，卒于周首都镐
京，岁寿139岁。

　　姜子牙出世时，家境已经败落了，所
以他年轻的时候干过宰牛卖肉的屠夫，也
开过酒店卖过酒，以贴补家用。但姜子牙
人穷志不短，无论宰牛，还是做生意，始
终勤奋刻苦地学习天文地理、军事谋略，
研究治国安邦之道，期望能有一天为国
家施展才华。

　　由于他的道德功业，为后人所推崇、
称颂。有人把他由人变为
神，列为神仙之首，

说他能呼风唤雨、使神役鬼；有人把他尊为"兵家鼻祖"；齐人称他为"天齐至尊"等等。历代文人墨客、哲人智士、兵家武士，都在诗词文论、兵书战策中，抒发情怀，对他称赞有加。他们或观太公留下的历史遗迹而抒发己志，或以太公事迹为据而引申己论，颂扬其功。

关于姜太公的出生地，文献记载不一，主要有河内说和东海说。

关于河内说。《吕氏春秋·首时》篇说："太公望，河内人也。"历史上第一个给太公故里定位的是东汉史学家高诱（涿县人），他在注释《吕氏春秋·首时》和《淮南子·汜论》时，两度把姜太公注释为"河内汲人"。《史记·齐太公世家》："太公望吕沿者，东海上

人。" 西晋汲郡出土的《竹书纪年》专载姜太公为"魏之汲邑人"。《水经注》载："（汲县）城西北有石夹水飞湍峻急，人亦谓之磻溪，言太公尝钓于此也。城东门北侧有太公庙，庙前有碑云：太公望者，河内汲人也。县民故会稽太守杜宣白令崔瑗曰：太公本生于汲，旧居犹存，君与高，国同宗，载在《经》《传》。城北三十里有太公泉，泉上又有太公庙，庙侧高林

秀木，翘楚竞茂，相传云：太公故居。”宋代著名学者罗泌在所著《路史·发挥》中说：“太公望河内汲人也。”清朝王昶在《金石萃编》载：“去汲县治北二十五里，崇岗巉岩，林木丛茂，有泉滃然，其下距泉复二里许，相传吕太公墓在此，故名其泉为‘太公泉’，士人即其建庙以祀焉……”清乾隆二十年《汲县志》载：“太

公泉在县治西北二十五里，流十余里，伏流入地。太公泉东，太公之故居也。"

关于东海说。《孟子·离娄上》说："伯夷辟纣，居北海之滨，……太公辟纣，居东海之滨……二老者，天下之大老也。"《吕氏春秋·首时》篇说："太公望，东夷之士也。"《后汉书·郡国三》注引《博物记》云："太公吕望所出，今有东吕乡。又钓于棘津，其浦今存。"《水

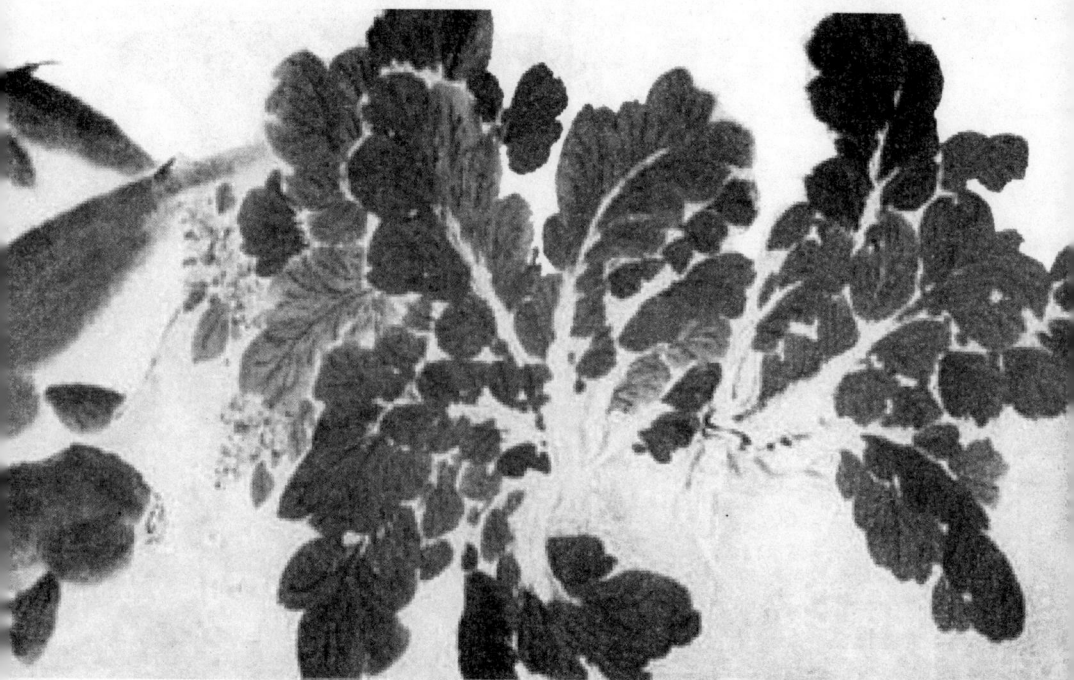

经注·汶水》云："（汶水）又北过淳于县西，故夏后氏之斟灌国也。周武王以封淳于公，号曰淳于国。"《水经注·齐乘》云："莒州东百六十里有东吕乡，棘津在琅邪海曲，太公望所出。"

究竟何说为确，据史籍和当代有关专家的考辨，认为东海说根据较为确凿。东吕乡当为姜太公出生地。古代"吕"、"莒"本为一字，"莒"为周代国名，即为

现在山东省莒县。东吕乡、东吕里在莒城东面，今属山东省日照市。汉代张华《博物志》明确标出："海曲城有东吕乡东吕里，太公望所出也。"西汉的"海曲'则为现在的"日照"。今人杨伯峻对姜太公里籍作了具体的考辨。他说："阎若璩《四书释地续》云：'后汉琅邪国海曲县，刘昭引《博物记注》云：太公吕望所出，今有东吕乡。又钓于棘津，其浦今存。又于清河国广川县棘津城，辨其当在琅邪海曲，此城殊非。余谓海曲故城，《通典》

称在莒县东，则当日太公辟纣居东海之滨即是其家。汉崔瑗、晋卢无忌立《齐太公碑》以为汲县人者，误。《孟子译注·离娄上》所论有据、甚确。"就是说，姜太公的出生地在今山东省东部黄海之滨的日照、莒县一带，亦正是司马迁所说的"东海上人"之义。

（二）半生微贱，待遇明主

姜太公作为一位传奇式的历史人物，其前半生怀才不遇，穷困微贱；后半生终遇明主，大展宏图。

关于姜太公的早年活动，

民间传说很多，流传很广，主要有"渭川坐钓""图牛朝歌""买食孟津"等。这些传说无非是说他时运不济，一事无成，事事倒霉，偏偏又娶了一位刁悍不讲理的老婆，将他逐之门外。虽然姜太公是天下最有名望的老人，但因家境贫寒，生活中常遇窘困，以至于被"老妇"逐至门外，为生计奔波。

其实，姜太公作为"东夷之士"，自幼聪颖好学，稍长精研数术之学，深究天地变化之道，通晓人事成败之要。又因其为共工、蚩尤之后裔，故崇尚祖先共工、蚩尤的武功之道及其用兵之术，并深察黄帝战胜蚩尤的战法、阵法。姜太公通过研究、演练用兵布阵，总结前人的经验教训，从而掌握战争的规律和取胜的韬略，

这为他后来的军事谋略理论和战争指挥实践都奠定了坚实的基础。

姜太公所处的时代是一个暴君、民贼当政的黑暗、残暴的时代，出身寒贱而满腹经纶的英雄却无用武之地；他家贫难娶妻而成为马氏赘婿，这种夫入妇家的女婿，在当时自然为妇家和外人所轻。这种政治上的不得志，家庭中的受轻视，便是姜太公大半生"测微"的原因。

姜太公虽然"有其才不遇其时"，不为暴君所用，又为老妇所逐，但是他怀有"治天下有余智"的雄才大略，能遇坎坷、处逆境而心不灰、志不衰。他已逾而立之年，在以后的三十多年中，一直奋发进取，探究治国安民之道，治军用兵之

略，以求入世，康国济民。姜太公被逐后，在滨海隐居数年，静观、明察天下大势，审知、明辨国家治乱之源，而决定自己的志行去就。于是他离开故乡西行，向殷都朝歌进发，以求灭殷复仇，实现报国之志。

据说姜太公垂钓磻溪，周文王见到姜太公并以礼拜之。姜太公钓到玉璜，上面刻有："周受命，吕佐昌。德合于今，昌来提。"又传姜太公于磻溪垂钓，三年不获鱼。人们劝他不要再钓了，他说：我之钓鱼之意，不是你们所能理解的。终于钓到一条大鲤鱼，从鱼腹中得到兵书《玉钤篇》。这些说法虽不乏演义夸张、预言附会的成分，但是姜太公以钓鱼为由，待遇明主，等待时机，以求入世，负荷担道，解民倒悬，当为事实。不论是周文王以打猎为名而到"渭水访贤"，还是姜太公"磻溪垂竿"以等待西伯，都说明他们"雄才大略"的一致，故"周西伯猎，果遇太公于渭之阳，与语大说，曰：'自吾先君太公曰'当有圣人适周，周以兴。'子真是邪？"周文王求贤若渴，姜太公择主心切，其所以

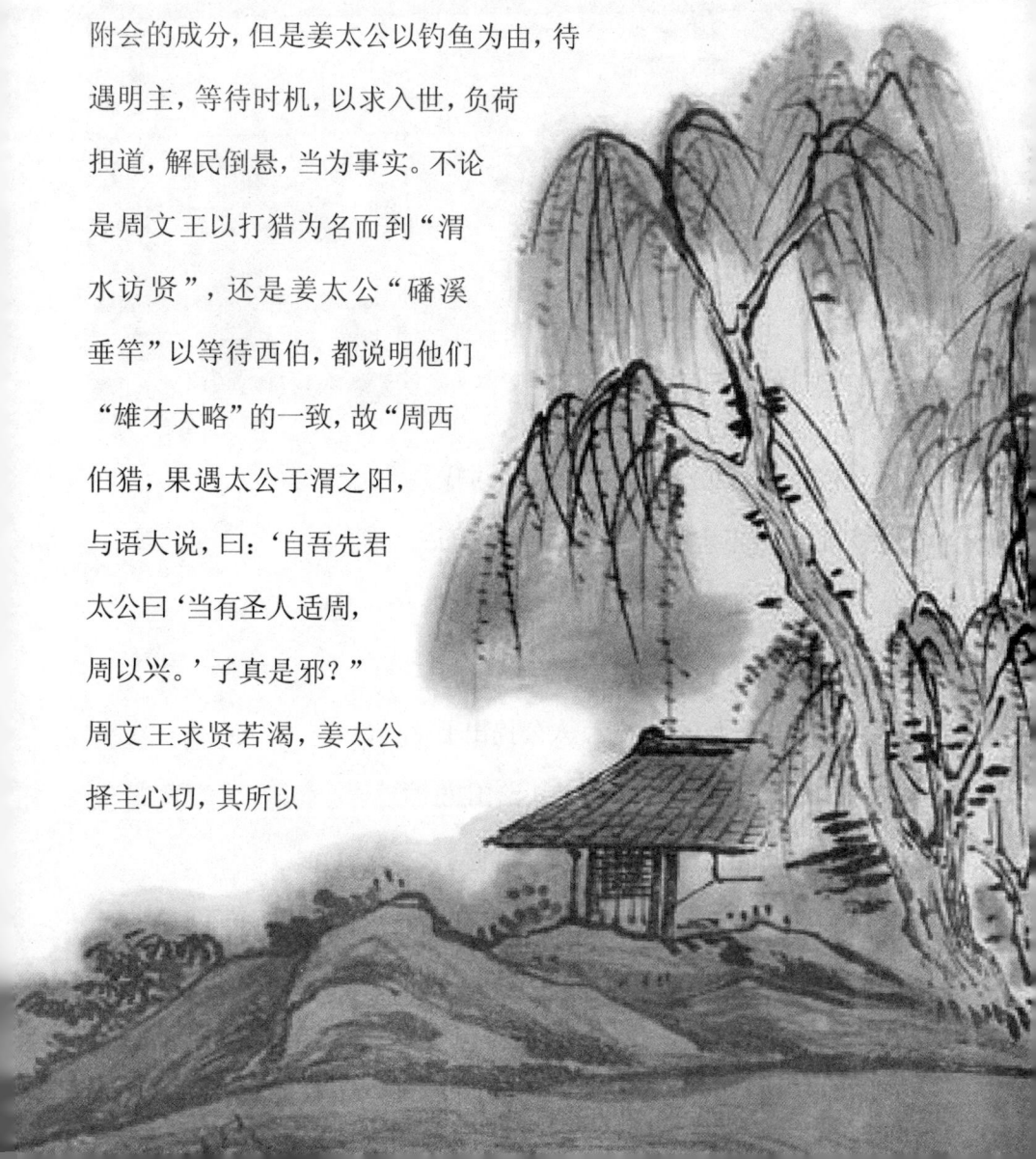

如此，就在于政局所迫，纣王暴虐，讨伐
此独夫民贼刻不容缓，所以他们一见面
便志同道合，共图灭商兴周、行仁禁暴、
吊民伐罪大业。

　　周文王与姜太公会面后，太公提出了
一系列的灭商兴周的军事谋略、治国方
略、化民之策，这就使文王解除了"犯上
作乱"之忧。纣王暴虐，讨伐独夫，诛杀民
贼，吊民伐罪，以杀止杀，实为义举，不为

叛逆。因此，姜太公辅佐文王、武王伐纣王，顺乎时势，合乎民意，必然胜利。从此姜太公登上了政治历史舞台，从"观兵孟津""会盟诸侯"到"大战牧野""灭商成功"，从"齐国始祖""因俗简礼"到"开源节流""千古武圣"，从而创立了轰轰烈烈，流芳千古，泽及万世的不朽功业。

（三）太公钓鱼，愿者上钩

据说姜太公隐居在渭水河边，也就是当时的西岐，终日独自在渭河垂钓。与众不同的是，太公的鱼钩是直的，上面不挂鱼饵，最特别的是鱼钩不放入水中，只是离水三尺。他一边钓鱼一边念念有词："不想活的鱼儿呀，你们愿意的话，就自己上钩吧！"路过的人们见了，都嘲笑这人不会钓鱼。可是姜尚并不理会，只笑道自己不但要钓一条大鱼，还要钓一个王侯。太公钓鱼的奇特方法传到了西伯侯姬昌那里，姬昌知道后，派了一名士兵去传姜尚来。太公并不理睬这个士兵，只顾自

己钓鱼，并自言自语道："钓啊，钓啊，鱼儿不上钩，虾儿来胡闹！" 姬昌听了士兵的禀报后，改派一名官员去请太公来。可是太公依然不答理，边钓边说："钓啊，钓啊，大鱼不上钩，小鱼别胡闹！" 姬昌这才意识到，这个钓者必是位贤才，要亲自去请他才对。于是他斋戒三日，沐浴更衣，带着厚礼，前往磻溪去聘请姜尚。这一请可费了力了，一去就是八次。当姜尚答应出山辅佐时，传说姬昌还亲自为姜子牙驾车八百步，这才有了日后姜尚为周朝开创的八百年基业。这就是有名的文王访贤的故事。

至于"姜太公钓鱼——愿者上钩"这句歇

后语，不论真假，至少包含着一些处世哲
学，也可供今人参考。先看第一层含义，
鱼，你愿意被我钓，因为你不是一般的
鱼，因为你知道我是姜子牙，知道姜子牙
是个神仙。小鱼儿被我钓上来，以后就
能借着我的法力让你上天。你知道神仙
是不随便吃荤的，就算要吃，也不会吃你
这条凡鱼。你不是条笨鱼，而是条聪明的
鱼。我不需要多么主动地去找鱼饵和鱼

钩，你都会来咬钩被我钓上来。你是自己想被钓，不是我逼你的，更不是我诱惑你的，是你自愿的。这就叫做愿者上钩。这也是这个典故的第一层、最基本的含义。

再看第二层含义，鱼，我想钓你。我姜子牙钓鱼的目的就是为了吸引别人的注意，而不是为了吃鱼。我姜子牙不是凡人。和凡人用一样的方式钓鱼，那我即使不是凡人，也会被别人当成凡人。所以我一定

要用凡人做不到、不会用的方式去钓鱼。

当然，我用某种不寻常的方式去钓鱼，别人就一定会认为我不是凡人：如果我用无饵直钩钓不到鱼，别人就会认为我是个蠢人；如果我能钓得着鱼，别人就会认为我是个奇人。我的目的就是让别人注意到我是个奇人，所以，鱼我想钓你。

鱼，我不会伤害你的，我只是要你帮我做做样子。等我的目的达到了，你还在你的水中自由地游来游去；因为我还有自己

的事情要做，我也许不能真的帮你上天成仙，但是我不会忘记你的，因为你帮过我。这就是这个歇后语的前半句——姜太公（要）钓鱼。最后看第三层含义，鱼，我想钓你，你也愿意被我钓。我姜子牙需要你帮我演完这出戏，达到我的目的。你小鱼儿也希望被我钓上来，接近我，沾沾我身上的仙气。我要把戏演得更成功更吸引人，不能用普通的方式；加上我行动匆忙，一时间找不到合适的鱼饵和鱼钩，

你就帮帮忙自己咬钩上来吧。我们这叫互相帮助，互惠互利。所以这出戏我们缺少谁都不行。这就是整个歇后语合在一起的意思，姜太公钓鱼——愿者上钩。

（四）著作概论，真伪考辨

《六韬》又称《太公六韬》《太公兵法》，旧题周初太公望（即吕尚、姜子牙）所著，普遍认为是后人依托，作者已不可考。现在一般认为此书成于战国时代。全书以太公与文王、武王对话的方式编成。此书在《汉书·艺文志》诸子略兵家类中不见著录，但在儒家类著录有《国史六》："即今之《六韬》也，盖言取天下及军旅之事。字与韬同也。"《隋书·经籍志》明确记载："《太公六韬》五卷，周文王师姜望撰。"但从南宋开始，《六韬》一直被怀疑为伪书，特别是到了清代，更被确定为伪书。然而，1972年4月，在山东临沂银雀山西汉古墓中，发现了大批竹简，其中就有《六韬》的五十多枚，这就证明《六韬》至少在西汉时已广泛流传了，对它的怀疑与否定也不攻自破了。

《六韬》是一部集先秦军事思想之大成的著作，对后代的军事思想有很大的影响，被誉为是兵家权谋类著作的始祖。司马迁《史记·齐太公世家》称："后世之言兵及周之阴权，皆宗太公为本谋。"北宋神宗元丰年

间，《六韬》被列为《武经七书》之一，为武学必读之书。《六韬》在16世纪传入日本，18世纪传入欧洲，现今已翻译成英、俄、日、法、朝、越等多种文字。

《六韬》一书，在军事方面主张"伐乱禁暴""上战无与战"，强调"知彼知己""密察敌人之机""形人而我无形""先见弱于敌"。要求战争指导者"行无穷之变，图不测之利"，机动灵活地运用各种战略战术。它认为作战中最重要的是奇正变化，"不能分移，不可语奇"。对于攻城，它认为最好的办法是围困打援，迫敌投降。它重视地形、天气对战术的影响。总结了步、车、骑兵种各自的战法及诸兵种的协同战术。它重视部队的编制和装备，详细记述了古代指挥机关的人员组成和各自的职责，提出了因士兵之所长分别进行编队的原则。它认为"凡三军有大事，莫不习用器械"，详细记述了古代武器装备的形制和战斗性能。重视军中秘密通讯，记述了古代军中秘密通信的方式方法。它还重视将帅修养和选

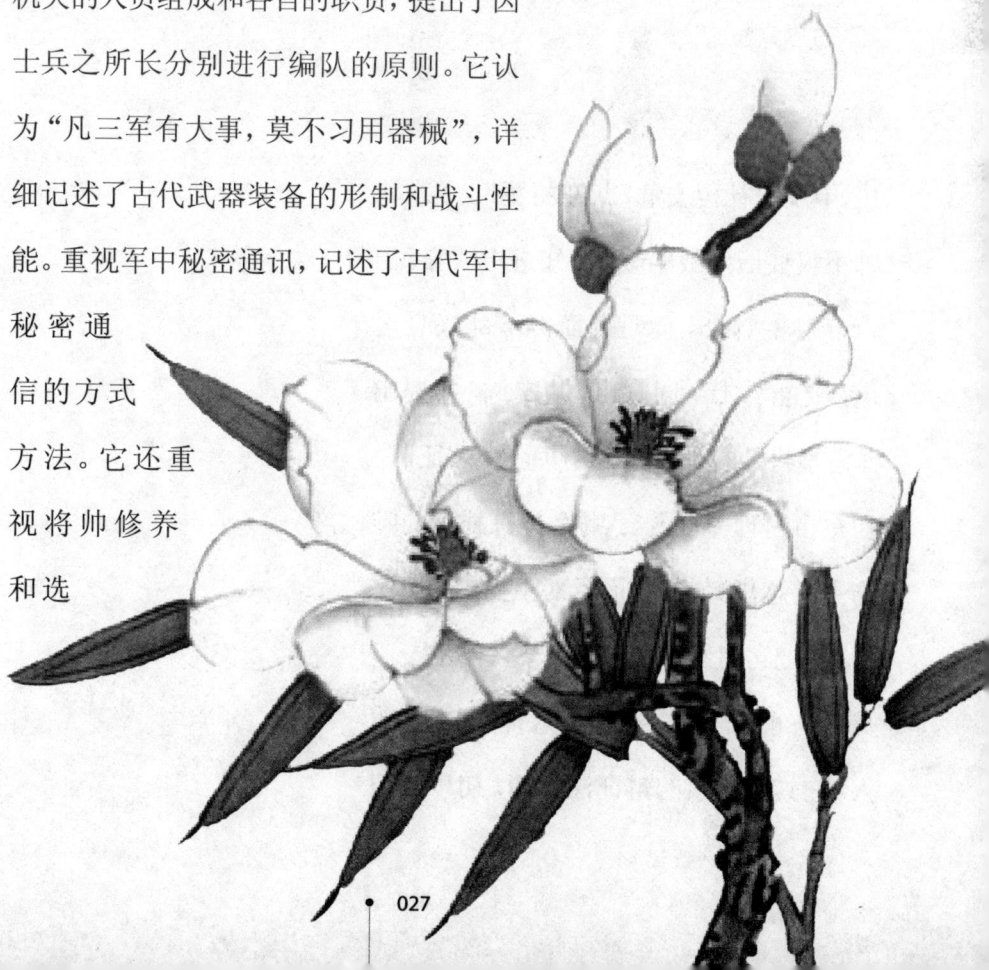

拔，认为"社稷安危，一在将军"，要求将帅不仅要谙熟战略战术、知进退攻守、出奇制胜的谋略，而且要懂得治乱兴衰之道，要能与士卒同甘苦，共安危，并提出了考察将帅的八条方法，即所谓"八征"。在军事哲理方面，《六韬》具有朴素的唯物主义思想。它一方面反对巫祝卜筮迷信活动，把它列为必须禁止的"七害"之一，另一方面又主张用天命鬼神去迷惑敌人。它具有朴素的辩证法思想，初步认识到了矛盾的对立和转化，提出了"板反其常"的重要辩证法思想，是对古代辩证法思想的重要贡献。它的许多军事思想都是建立在这一思想基础之上的，如"夫存者非存，在于虑亡；乐者非乐，在于虑殃""大智不智，大谋不谋，大勇不勇，大利不利""太强必折，太张必缺""无取于民者，取民者也"等等。

今存版本有：1972年山东临沂银雀山汉墓竹简残本、1973年河北定县八角廊汉墓竹简残本、敦煌遗书残本、《群书治要》摘要本、《四库全书》本、《续古逸丛书》影宋《武经七书》本、1935年中华学艺社影宋刻《武经七书》本、丁氏八千卷楼藏刘寅《武经七书直解》影印本。

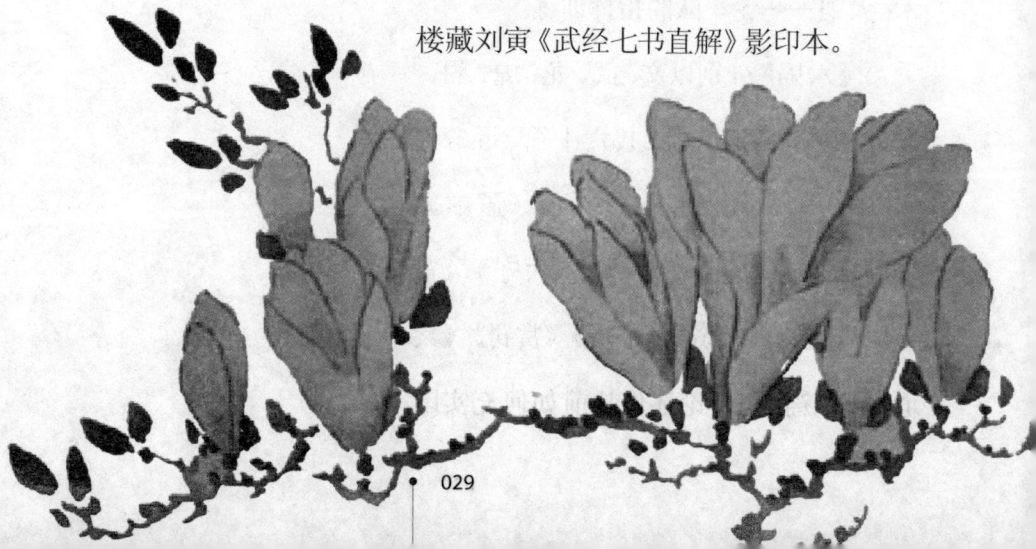

今本《六韬》共分六卷。文韬——论治国用人的韬略；武韬——讲用兵的韬略；龙韬——论军事组织；虎韬——论战争环境以及武器与布阵；豹韬——论战术；犬韬——论军队的指挥训练。

《六韬》分别以文、武、龙、虎、豹、犬为标题，各为一卷，共六十篇，近二万字。卷一《文韬》内分《文师》《盈虚》《国务》《大礼》《明传》《六守》《守土》《守国》《上贤》《举贤》《赏罚》《兵道》十二篇，主要论述作战前如何充实国家的实力，在物质上和精神上作好战争准备。如对内先要富国强民，对人民进行教育训练，使之万众一心，同仇敌忾；对外要掌握敌方的情况，注意保守自己的秘密，这样才能立于不败之地。卷二《武韬》内分《发启》《文启》《文伐》《顺启》《三疑》五篇，有的版本把《兵道》列于《三疑》前。

这一卷主要论述取得政权及对敌斗争的策略，强调在作战前必须先对敌我双方的情况了如指掌，进行比较，以己之长克敌之短，才能制胜。卷三《龙韬》内分《王翼》《论将》《选将》《主将》《将威》《励军》《阴符》《阴书》《军势》《奇兵》《五音》《兵征》《农器》十三篇，主要论述军事指挥和兵力部署的艺术，指出在战争中要调动对方、选择将帅、严明纪律，然后确定如何发号令、通信息。还指出要注意天时地利、武器装备和物资供应等。

卷四《虎韬》内分《军用》《三阵》《疾战》《必出》《军略》《临境》《动静》《金鼓》《绝道》《略地》《火战》《垒虚》等十二篇，主要论述在开阔地区作战的战术及其他应注意的问题。卷五《豹略》内分《林战》《突战》《帮强》《敌武》《山兵》《泽兵》《少众》《分

险》八篇,主要论述在各种特殊的地形
作战中的战术及其他应注意的问题。卷
六《犬韬》内分《分合》《武锋》《练士》
《教战》《均兵》《武车士》《武骑士》
《战骑》《战车》《战步》十篇,主要论述
教练与编选士卒以及各兵种如何配合作
战,以发挥军队效能等问题。《六韬》的
内容十分广泛,涉及战争观、军队建设、

战略战术等有关军事的许多方面，其中又以战略和战术的论述最为精彩，它的权谋家思想也很突出。

纵观史籍所述，《六韬》虽非姜太公亲著，而为后世学者所为，但这些学者亦必有根据，其根据当为周史所记的档案材料。他们或为姜太公的后学，或根据史载姜太公的思想加以增益精练、综合而成。不论由谁成书，其思想基础、理论主干、学说主旨都与姜太公所论相差不远，或源于姜太公，或是发展姜太公的思想而成，所以说这部具有很高思想价值的综合性军事著作，与姜太公有千丝万缕的联系。

（五）光辉思想，千古称颂

权谋思想。《六韬·文韬·文师》最后有一段姜太公的话："太公曰：天下非一人之天下，乃天下之天下也。同天下之利者则得天下。"这是太公"阴谋修德以倾商政"、灭商兴周的最大的也是最根本的权谋思想。最大的权谋莫过于推翻商朝、建立周朝，建立国家政权是军事谋略的根本。这一思想，除《文师》外，在《发启》《文启》《顺启》等篇中也都反复论述。太公被封齐，建立齐国之后，推行的根本方针也是依据"天下非一人之天下，乃天下之天下也"的思想。可以看出，

姜太公认为，人的本性是恶死而乐生，好德而归利，能给予人以生利的是道义，能行仁义道德者，则能使天下人归服。因此，国君应当以天下之利为利，以天下之害为害，以天下之乐为乐，以天下之生为务。只有以仁义道德为天下兴利除害，使天下人与之共利害，同生死，共忧患，共苦乐，这样才可以收揽、团结民心，使万民归心、欢心。基于这种认识，《六韬》

强调国君要行仁修德，泽及百姓，不可暴民、虐民，为己而害民。只有这样，人民才能与国君同舟共济，拥戴国君。本思想亦在齐国的治国实践中贯彻、实现。这是其他所有军事谋略家所没有的。可见，《六韬》一书的上述内容，与姜太公的军事谋略思想相符。

爱民思想。爱民之道，就是以仁义之道，修德惠民，使民和服。如太公所言："敬其众，合其亲。敬其众则合，合其亲

则喜，是谓仁义之纪。无使人夺汝威，因

其明，顺其常。顺者任之以德，逆者绝之

以力。敬之无疑，天下和服。"就是说，要

尊重民意，敬爱民众，聚合宗亲，行仁举

义，就会受到民众的拥护爱戴，这样使

天下和服，就可以守土、固国而王天下。

因此，威服天下者，不必专任武力，不可

横暴百姓，而要以仁义为本，修德禁暴。

这就是姜太公和《六韬》重视文韬而不

轻武略，把经国与治军作为整体而论的

高明之处。他治国安民用仁道，施仁政，重教化，因民俗，顺民情。这就充分表现了姜太公治政的出发点和归宿都是爱民。《六韬·文韬·国务》云："太公曰：'利而无害，成而无败，生而无杀，与而无夺，反而无苦，喜而无怒。'"从以上我们不难看出，"爱民"思想之深，在先秦军事、政治和诸侯君王中，也只有姜太公才有如此深刻的"爱民"思想。而且，也是由姜太公在齐立国之后，真正把"爱民"

思想贯彻到治国的实践当中去，这就是齐国的富民政策。

顺民思想。姜太公深知"民为邦本，民固国兴"的道理，有民则有国，无民则无国可言。因此，他力倡以民为本、仁政顺民的思想。顺民就是"重民""贵民"。如果国君、人臣和各级官吏，不以民为本、以民事为务，而敲剥、残害民众，就会使民众离心离德，离之而去，叛之而反。姜太公通过自己长期生活在民众中的经历，不断观察，精心研究，对于民为贵、民为本的思想有深刻的认识，并树立了牢固的民本意识，所以他在出山之前和立国治国之中，都始终坚持以民为本，实行仁政，收服民心，使万民归心。对如何安定天下，姜太公指出，天有其运行规律，民众有其日常生活事业。君主能与民众共同安生，天下就安静，民众就安定了。最好的政治是因民俗、顺民心进行治理，其次是宣传教化，感化民众。民众被教化、受感化，就会服从政令，所以说天道无为

而能生长万物、成就万物，民众无需给予而能自己富庶，这就是无为而无所不为的根本道理所在。

举贤思想。《六韬·文韬》中《上贤》《举贤》两篇，集中表现了姜太公的重贤、上贤、选贤、举贤的圣贤治国论及其思想内容。所谓"上贤"，就是尊重、崇尚有道德、有才能的人。尊贤尚功是姜太公"国本"的主要内容之一。姜太公认为，作为君主治理国家，必须尊崇德才兼备的贤人，抑制无才无德的庸人；任用忠实诚信的人，除去奸诈虚伪的人；严禁暴乱的行为，禁止奢侈的风俗，因此，明君用人应当警惕六种坏事、七种坏人。六种坏事的危害是："伤王之德""伤王之化""伤王之权""伤王之威""伤功劳之臣""伤庶人之业"。对七种坏人，绝对不可任用，即"勿使为将""勿

与谋""勿近""勿宠""勿使""禁
之""止之"。这就堵死了坏人干坏事、危
国家、害民众的路径。

《六韬·文韬·上贤》云："太公曰：
'得贤将者兵强国昌，不得贤将者，兵弱
国亡。'"举贤思想，在姜太公建立齐国
之后，又正式列入建国方针之一，即"举
贤而上功"。

六守三宝。姜太公的理财富国、富民
足民的发展经济的思想主张是全面而周

到、精辟而深刻的。《六韬·文韬·六守》载："太公曰：'人君有六守三宝。'"六守：仁、义、忠、信、勇、谋。三宝：大农、大工、大商。农一其乡则谷足，工一其乡则器足，商一其乡则货足。三宝各安其处，民乃不虑。无乱其乡，无乱其族。臣无富于君，都无大于国。六守长则群昌，三宝完则国安。这三宝在齐立国之后，也被列入建国方针，即"通商工之业，便鱼盐之利"。农工商同时发展，重点又是发展工商业，因而，后来的齐国才发展成为一个民富国强的大国。

姜太公在"三宝并重""本

末并利"" 上下俱足"、广开财源的基础上，提出了他的货币政策，确保财货正常流通、赋税正常缴纳，促进经济发展、市场繁荣，这种开源节流的经济、货币政策，实为国家经济发展的上策。姜太公深知农、工、商三业对国计民生的重要意义。国无农无食不稳，国无工无器不富，国无商无货不活，故要农、工、商并重，协调发展，使人民有业可从，衣食饱暖，器具足用，财货流通，财政充裕。姜太公的"三宝"思想，不仅是周朝经济发展的基本方针政策，而且为齐国的强大奠定了政治、物质基础。这种发展经济的指导思想，一直延续到了当今时代。

九府圜法。姜太公的货币政策，主要是他制定的九府圜法。所谓"九府圜法"，颜师古《注》云："《周官》大府、玉府、内府、外府、泉府、天府、职内、职金、职币皆掌财币之官，故云九府。圜谓均而通也。"姜太公所建立的"九府圜法"，是用行政手段保证财货的均衡流通和合理出入，使钱币与布帛不断流通，聚散适宜，无积滞，无匮乏。国以之富，民以之足。

"九府"是"掌财币之官"。查《周礼》的"九府"之职能，就在于"通货币，易有无"。姜太公的财政经济政策和金融管理制度，不仅为周朝的经

济管理、经济监督、赋税收纳、货物保藏
等建立了完整、严密的管理体系、管理制
度，而且为齐国的强大，为齐桓公和管仲
的"九合诸侯，一匡天下"的霸业奠定了
基础。姜太公的生财之道，理财之策，即
开源节流之制，是富民强国之道，为万世
治国兴邦之正道，万世不易之治道，故为
万世法。

二、韬略鼻祖，千古武圣

（一）全胜不斗，不战而胜

姜太公深知用兵之道在于吊民伐罪，惩恶扬善，用兵之略在于不战而胜，以谋取胜，所以他极为重视军事韬略，讲究不战而胜的谋略。这是说，吊民伐罪，夺取天下的策略，要在政治上争取民心，军事上求得不战而胜。因为民众是胜利之本，所以要想不战而胜，无伤而胜，就要依靠

民众，与民众共甘苦、同好恶，上下同心，相互救援，如此方能攻守自如，"不战而屈人之兵"。这就是"与人同病相救，同情相成，同恶相助，同好相趋。故无甲兵而胜，无冲机而攻，无沟堑而守"之义。

为了达到不战而胜的目的，姜太公十分重视"文伐"的作用。所谓"文伐"，就是"以文事伐人，不用交兵接刃而伐之也"。即用非军事手段讨伐、征服、战胜敌人。《六韬·武韬·文伐》篇中，姜太公提出了十二种"文伐"的方法，具体说明了"文伐"的内容、方法、策略、目的等。其主旨是采取各种方法，利用敌人的内部矛盾，收买、分化、瓦解、离间、麻痹、削弱敌人，转化敌我情势，造成有利于我、不利于敌的态势，然后取而代之。以"文伐"为"武伐"准备条件，奠定基础，开辟道路。只有将"文伐"与"武伐"结合起来，方能达到战胜敌人的战略目的。所以结论是"十二节备，乃成武事。所谓上察天，下察地，征已见，乃伐之"。

其实，姜太公的"文伐"之略、之法，在灭商兴周的过程中，一贯注意运用、实施，早在"周西伯拘羑里"时，上述有的方法就已得到采用，并取得了成功。当时散宜生、南宫括等人向姜太公请教、商量救文王之策，太公献计以美女、奇

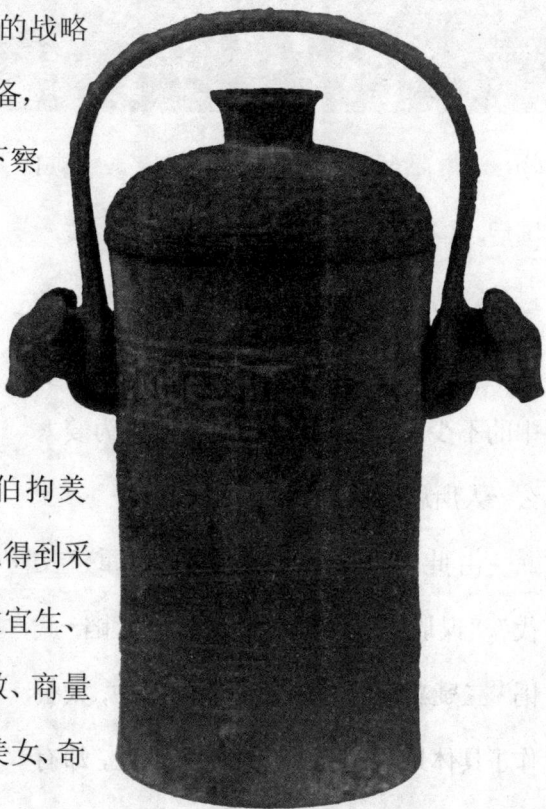

物、珍宝献纣王，使之赦免文王，文王归国后，实行仁政，收归民心，以待纣之失，最终"乃遂其谋"。文王之谋，乃太公之谋。这与"文伐"和"武伐"的"十二节"中的不少内容是相同的，究其实则为姜太公一人所思所谋。

由此可见，姜太公一贯注重"文伐""谋胜"，主张因势利导。《六韬·武韬·三疑》篇武王与太公的问对中，太公作了具体地说明。武王想建立功业，却有

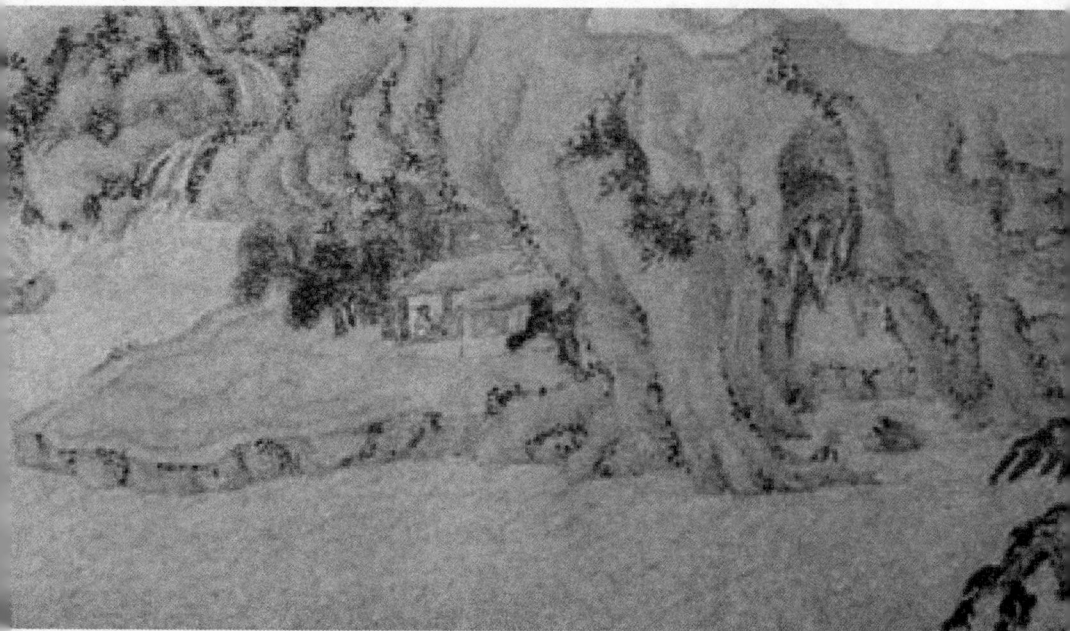

三种疑问：恐怕力量不足以进攻强大的敌人，不能离间敌方国君的亲信，不能瓦解敌国军民。针对武王所问，太公提出了攻强、离亲、散众的策略，即攻强以强，离亲以亲，散众以众。具体措施是：因之，慎谋，用财。就是说，要因势利导，慎用计谋，使用钱财。袭击强大的敌人，必须采取各种谋略、计策，去怂恿敌人、收买敌人、离间敌人、瓦解敌人，使敌人营垒分化，骄横强暴，争夺利益，淫乐迷

乱，彼此怀疑，上我圈套。我运用计谋，敌人却不了解我的真实意图；我取得了胜利，敌人却不知，这就是智谋可以产生财富，养育万民，辅佐君主"以王天下"的道理所在。

《六韬》重谋胜，姜太公重"文伐""韬略"，旨在求不战而胜，这是中国历代兵家和论兵者所崇尚的用兵之略。兵圣孙武，注重战略，尤贵谋胜，主张不战而获全胜。他认为，虽然"兵贵胜，不贵久"，但是最上策则是以"谋"取胜，做到不战而胜，所以他力主谋攻，并以此为基础建立了他的军事谋略思想。即对敌作战，即使百战百胜，也不是最高明的计策，只有"不战而屈人之兵"，才是上上策，所以要以"谋攻"取胜，不战而胜。这才是中国兵家"贵谋"的原因，亦是其智慧的显现。

（二）抓住战机，智勇者胜

战争是敌我交战双方的智慧、勇力之争。两军相抗，要想战胜敌人，保存自己，就要与敌人进行智力和勇力的竞赛，愚蠢的武夫不行，胆怯的懦夫也不行，只有智勇双全者，方能克敌制胜。

姜太公深知此理，深通此道，善于用兵打仗的人，不用展开军队就能取得胜利，能够在无形之中取得胜利。最

高明的智者不用战斗就能使敌人屈服。经过与敌人白刃相杀殊死搏斗而取得胜利的不是良将，战败之后而补救过失的不是智者，智慧与众人相同的人不是国师，技艺与众人相同的人不是国工。军事行动最重要的是攻必克，用兵作战最重要的是保守机密，攻击敌人最重要的是出其不意，谋敌制胜最重要的是计不失误。这样就可以未战先胜，收到事半功倍之利。姜太公进一步指出，善于指挥作战的人，能够按兵不动，等待战机，不受干扰，伺机而动，看到取胜的时机，就要捉住战机，毫不犹豫，无所畏惧，以迅雷不及掩耳之势，如疾风闪电，惊马奔驰，所向披靡，打击敌人，战胜敌人，这才是机智的指挥者。如果犹豫不决，害怕狐疑，就会贻误战机，招致失败，所以聪明的指挥者就会抓住战机而不放过，机智的指挥者一旦决计就毫不犹豫，这样才能无往不胜。

姜太公肯定用兵之道在于集中统一，兵胜之术在于密察敌情，抓住战机，出其不意，取胜之道关键在于把握战机，利用态势。因此要掌握时机，夺取胜利。这就是"兵道"，

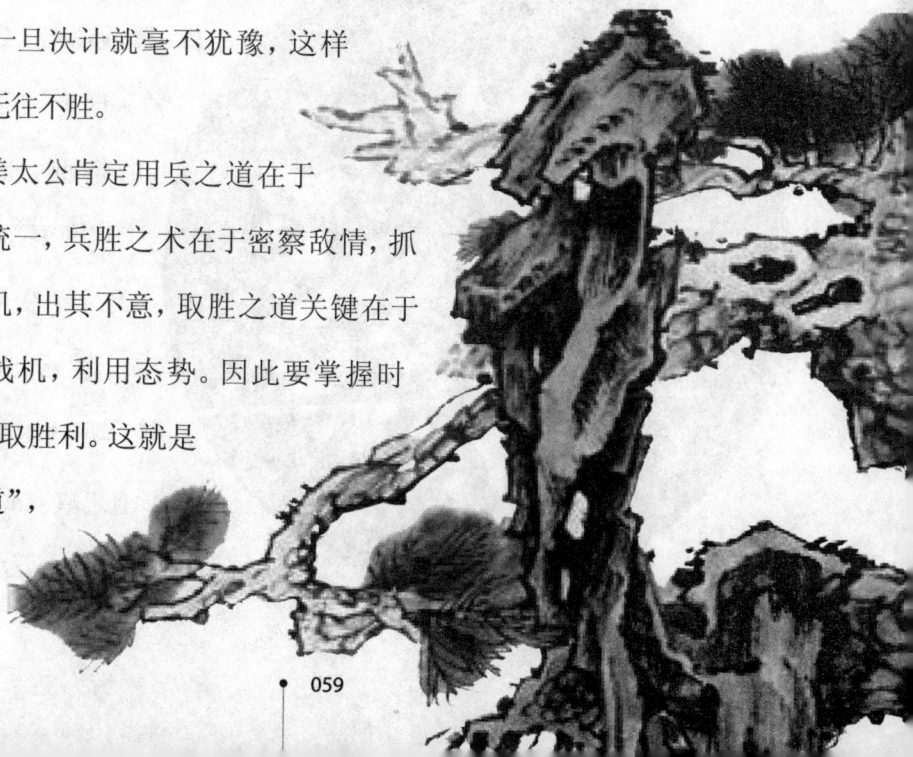

即用兵之道,用兵打仗、克敌制胜的基本原则和主要方法。在这篇《兵道》的问对中,姜太公针对周武王之问,具体阐发了用兵之道、兵胜之术的内容、要旨,强调了统一指挥、存亡转化、示形用机、乘胜出击对战争胜利的重要作用,如此用兵,变化多端,神妙莫测,无往不胜,这才是智者之胜。

在《六韬·犬韬·武锋》篇中,姜太公在回答周武王的"用兵之要"时,列举了十四种打击敌人的有利战机,使我必胜,致敌必败。这十四种打击的情况,是在审察、密察、明察敌人行动变化的基础上,从其变化中见其可击之时、之机,以使"敌人必败"。

由于战场形势千变万化,有

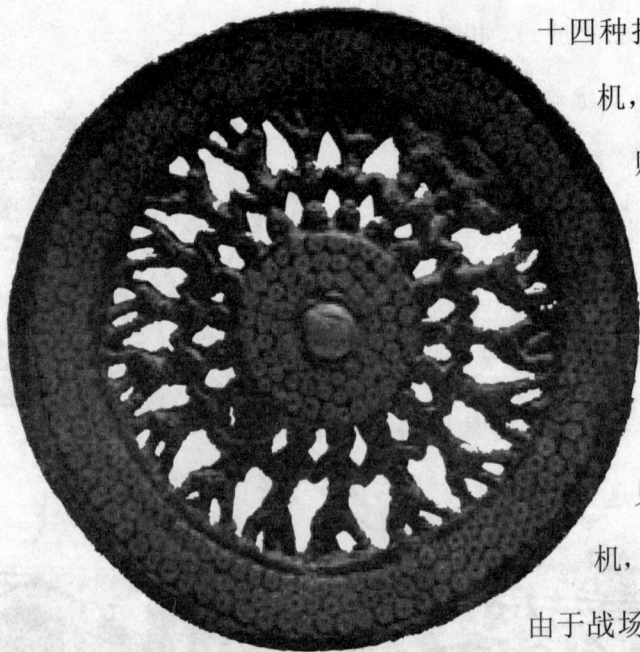

利战机转瞬即逝，因此捕捉、把握战机，适时、乘机打击敌人，是取得胜利的关键。姜太公深知此理，深通此术，故强调抓住战机，适时出击，取得胜利。姜太公的这些军事理论和指挥艺术，充满了智慧，显示了智慧。

姜太公还明确指出，要战胜敌人，既要智胜、斗智，又要武胜、斗勇，该出击时就出击，这就需要讲究"必胜之道"。因为他深知"勇斗则生，不勇则死"的道理。这就是说夜间偷袭敌国境内，突破敌人四面包围时，要在审知敌人各种不同的情况后，采取不同的战法，奋勇战斗，英勇杀敌，使敌人不能阻挡我军的突围。因此，需要"勇力"和"勇斗"。在渡过江河溪谷时，

要想突破大水、广堑、深坑之阻，也要靠"勇力""勇斗"。要明确告诉士卒："勇斗则生，不勇则死。"这样就会使三军英勇杀敌，勇往直前，无往不胜，"吾三军皆精锐勇斗，莫我能止"。

在姜太公所提倡的"勇力""勇斗"之"勇"中，我们可以清楚地看到，这种"勇"不是愚夫鲁莽、草率之"勇"，而是在"审知敌人"、明察地形、了解自己、巧妙指挥的基础上，才实施勇猛突围，并设下埋伏，阻敌追兵，我军"若从地出，若从天下"，这种用兵入神，运用之妙，存乎一心，非智者不能为。所以说姜太公的"勇"，是与

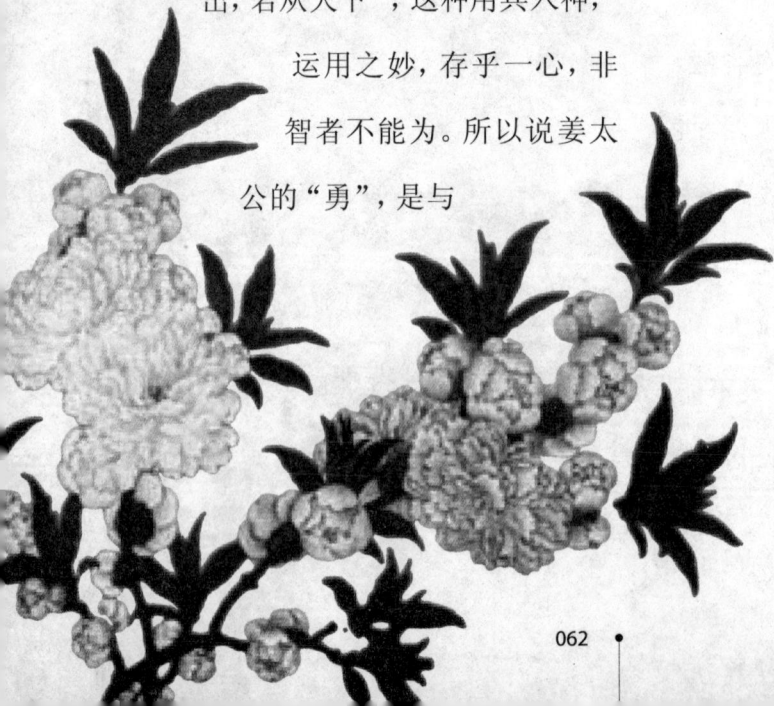

"智"紧密相连的，是以"智"为前提的"勇"，是智勇双全的"勇"。只有智勇双全，才能攻取战胜。

（三）施行诡诈，以奇制胜

战胜是敌我双方灵活的实力对抗、较量。由于战争所独具的特殊性，即诡诈性、多端性、无常性，交战双方常常以诈用兵，制造假象，欺骗对方，诱敌上当，取得胜利，这便增加了军事认识的复杂性、曲折性。这就要求战争的指挥者，既需要以超常的能力去认识、思考、驾驭战争；更需要透过敌人活动的现象、敌人制造的假象识破敌人的意图和设计、制造假象欺骗敌人，诱敌上当，这便是用兵的诡诈性所在。

中国古代兵书战策，历代兵家兵略，都强调"兵以诈立""兵者诡道""兵不厌诈""出奇制胜"等，姜太公对此亦有详论。他认为，用兵之法，三军之众，兵卒之动，必有奇正、分合之变。要想克敌制胜，而不被敌所制，就要施奇谋，用奇计，以奇胜。而奇谋、奇胜、奇计，来源于人的无穷智慧，有了智慧，运用奇谋，就可以收到事半功倍的奇效、奇胜。

战争的态势随着敌人行动的变化而变

化，两军对峙，彼此较量，运用奇正的策略、战法，来源于指挥者智慧、谋略无穷，奇正的策略、战法也随之无穷了，因此，要保守军情机密，做到我知敌，而敌不知我，并施用智谋、奇计，出其不意，示弱骗敌，这就有事半功倍之效。

姜太公在《奇兵》篇中，专门论述了出奇制胜的问题，并在其他的有关诸篇中，从各方面具体论证了施诡诈，用奇谋，出奇兵，欺迷敌，以胜敌的策略。具体说来，主要有以下方面：

第一，制造假象，声东击西。即制造各种假象，隐蔽真实意图，欺骗敌人，迷惑敌人，引诱敌人，欲其西，袭其东，这就是用兵之道、诡诈胜敌的方法。第二，出其不意，

攻其不备。密察敌人的各种情况，采取适
当的战术、战法，出其不意，攻其不备，
或击其左，或击其右，往来不止，不断挑
战，或袭其内，或击其外，使敌不知所守，
不知所备，我军击之，敌人必败。第三，
做好准备，疾战突破。对待大军压境、兵
临城下，突然侵略的敌人，要乘其全军未
到之机，作好战争准备，各类兵卒进入战
斗状态，当敌人来临时，使我轻装部队与
敌交战而佯败退走，引诱敌人，令我守城

部队采取各种办法做好准备，使敌人误以为我主力守城，而迫近城下，这时我突然出动伏兵，袭击敌人，发动疾战，击其内外。同时急令三军，击其前后、左右，使敌将惊骇，敌卒大乱，勇者不得斗，轻者不及走，敌人虽众，必然败逃，这就是"三军疾战，敌人必败"的战法。第四，妄张诈诱，荧惑敌将。兵为诡道，兵以诈立，战阵之间，不厌诈伪。面对强大的敌人，不能与其死打硬拼，而要虚张声势，诈骗敌人，扰乱敌人，令其上当，贻误战机，我则适时出击，制敌取胜。运用虚张声势，引诱诈骗敌人的手段，迷惑敌军的统帅，诱使敌人迂回绕道，令其必定经过深草地带；引诱敌人误走远路，延误时间，令其日暮之时同我会战。乘敌人前行部队未过河，后续部队未及宿营，发动我伏兵，迅速打击敌人的左右，命令车骑扰乱敌人的前后，这样妄张诈诱，欺骗敌将，就可以做到以少胜多。第五，施行诡术，瓦解敌军。为了欺骗敌人，瓦解敌军，要在军队的组织建制中，设立专人司行此职。

姜太公不仅从理论上主张施行诈术欺骗敌人，而且在军队指挥部的编制上设立各种人士专门施诡诈之术，迷惑敌人，从而达到欺骗敌人，取得胜利的目的。兵为诡道，兵以诈立，语其观变，出奇制胜，为历代兵家所重。

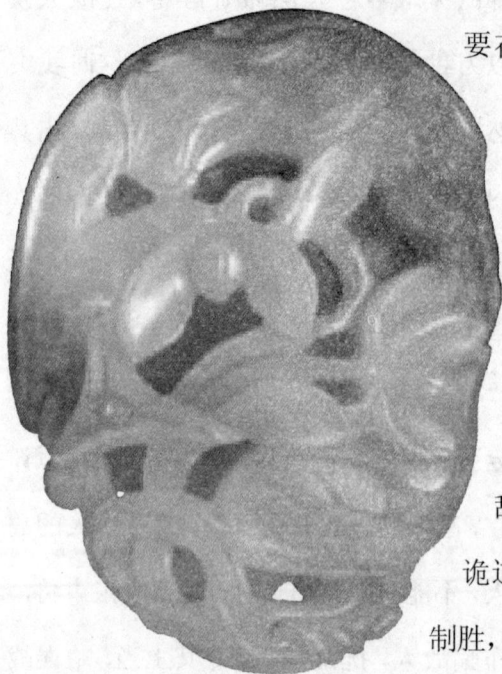

（四）选择良将，名实相当

姜太公深知，治理国家、管理军队，必须有明君贤将，有了明君贤将，才能使国富兵强、攻取战胜，所以他极力主张举贤任能，下不肖之人。

《六韬·文韬》中的《上贤》《举贤》等篇，集中阐发了姜太公的人才观；《六韬·龙韬》中的《论将》《选将》《立将》《将威》等篇，集中体现了姜太公的将才观。足见他对治国、理军人才的思想观点和重视程度。

姜太公总的人才观点是选贤举贤，

唯贤是举，下不肖之人，做到名实相当，效实用人。在这个总的人才观点的指导下，姜太公对军队将帅的品德修养、才能素质、选择方法、任命仪式、树立威信、鼓舞士气等，都作了具体的说明、规定。

姜太公认为，将帅作为战争的决策者、组织者和指挥者，其思想品质、组织能力、指挥才能，直接关系到、影响着军队的建设、战争的胜败，所以他对为将之道颇有深论，具有真知灼见。姜太公深

知：战争这一关系到人民生死、国家存亡的大事，其命运掌握在将帅手中。将帅是国家的辅弼，辅弼周密，国家强盛，战争胜利，人民安生；辅弼疏漏，国家危亡，战争失败，人命不保。因为战争中的交战双方，只有一方胜利，一方失败，没有两胜，亦没有两败者，所以对于负担着关系国家存亡、人民生死命运大事职责的将帅，在选择任用时，不可不察，并要久观深察。据此，姜太公提出将帅的"五材十

过"，即应具备的五种品质、美德，应避免的十种缺陷、过错。这就从正负两个方面规定了选用将帅的具体条件标准，正面条件、标准则是文武双全，有道德品格，有指挥能力，能安邦治国，亦能率兵胜敌。

有了选拔将帅的条件、标准，还要注意讲究选拔将帅的方法，避免选人不当，出现问题。为了防止两面派、虚假者、伪冒者得逞，选择智勇双全、德才兼备的人为将帅，姜太公反对以貌取人。俗话说"知人知面不知心"，往往是一些无德、无才、无能之人，最会弄虚作假、巧妙伪装。因此，选择将帅并非易事。切不可以言取人、以貌取人，而要通过言行举止、生活实践做各种试探，察言观行，综合考察，全面识别，这便是选拔将帅的正确方法和途径。

选拔了真正的贤才，立为将帅，就要讲究"立将之道"，即国君要举行立将的仪式，因为"社稷安危，一在将军"。将帅深系国家安危，人民生死，战争胜败的重大责任，所以任命将帅要举行仪式，以示重视。姜太公进一步指出，立将之后，身为将帅，统帅三军，必须树立自己的威信，严格治军，严明军纪，赏罚分明，令行禁止。这就是说，赏信必罚，杀大赏小，杀挡路权臣，赏及众卒，就可以树立将帅的威信，这样就可以做到令行禁止。如此便能攻必克，战必胜。

姜太公还对如何做个励军自治而克敌制胜的将帅，作了具体说明。要求将帅约束自己，身体力行，以身作则，克制私欲，与士卒同甘共苦，这样便令上下一致，齐心协力，英勇杀敌。这种将帅正己正人，率先垂范，爱兵励军的方法，为历代兵家奉为统兵制胜的方法和克敌制胜的要务，亦是衡量将帅贤否的标准。

姜太公认为，选拔任用文官武将，还必须以实功实绩考核，选贤举能，下不肖之人，真正做到名实相当，名副其实，这才合乎举贤之道。这就是说，文臣武将，都要唯贤是举，举贤得贤，得贤用贤，则国可治，军可理，民可安。在姜太公看来，将相虽然分工不同，职责不同，但都要以"举贤之道"而选拔"实当其名，名当其实"的贤才，以使"国富兵强"，这就是他的用人之道的思想主旨和结论。

（五）求神问卜，望气攻止

《六韬》的作者，在论述治国用兵、文韬武略、奇谋战术、攻取战胜、有备无患、军队建设等问题中，都强调"取于人

事""尽与人事",这是科学合理的思想,亦是智者之见,并且是姜太公和《六韬》的主导思想。但是,也必须看到书中有一些神学迷信思想混入其中,不时地表现出来,这些思想也是我们必须指出的,故在此作具体分析论述。

为了欺骗敌人,施行诡诈之术,姜太公主张在军队统帅部设立"术士二人,主为诈,依托鬼神,以惑众心"。这是说,利用方术术士,求助鬼神,装神弄鬼,欺迷敌人,诱敌上当,以求胜敌。显然是依靠

鬼神，利用鬼神，实现人意。

将军在受命出发征战之时，要举行宗教仪式，求神问卜，选择吉日，授权出征，方可出发并作为"立将之道"，加以规定，必须执行。这是一种宗教仪式，实则是以一种宗教仪式而行授权之实，表示隆重，使将军认识到自己的权力和责任的重大，不可玩忽职守，轻敌致败。这是古代将士出征时都必须举行的仪式，不限于姜太公一人。究其实，姜太公并不信神灵之验。武王伐纣，牧野大战之前，占卜龟甲，得之凶兆，又狂风暴雨，全是凶相，周朝群公尽惧，只有姜太公不信龟兆、天象，力劝武王按时出征伐纣，经过牧野大战，大败商军追杀纣王，周军大胜，乃太公之智。由此可见，姜太公并不信占卜之验、龟草之兆，而重视人的因素，尤其是人心向背，深信得人心者得天下的真理，肯定以贤伐不道，即使不卜亦知为吉，不战而胜，在这里完全强调人的因素，而不见鬼神的力量。证明他重人，不求神；取于人，不取神。

然而，《六韬》采用兵阴阳家的观点，以五音与五行相配的变化，作为判断敌情、决定胜负的征兆、根据，这就表现出了神学迷信色彩。古代阴阳五行家把"五行"即金、木、水、火、土的关系归结为木生火、火生土、土生金、金生水、水生木的五行相生相

生；把水克火、火克金、金克木、木克土、土克水的五行相克，叫做五行相克。并以五音配五行，宫属土、商属金、角属木、徵属火、羽属水。《六韬》的作者采纳了这种思想，用"五音"宫、商、角、徵、羽，与"五行"金、木、水、火、土相配，作为判定人事吉凶和战争胜负的根据，这就表现了神学迷信思想。

《六韬》的作者，还用"望气"来判断城邑的攻止，在这里也表现出神秘主义观点。"气"作为一种自然物质，本来没

有意识性、意志性、人格化，却用之决定人事吉凶、战争胜负。《六韬》援引阴阳五行家的思想，以"望气"——远望城邑上空的不同变化，作为预示、预测战争胜负的先兆，依次决定对城邑的攻与止，这显然是神秘主义的观点，也是不科学的。应当承认这是《六韬》的一个缺憾，对此，我们要做实事求是的分析评价，不必苛责古人。

姜太公作为周朝军师、齐国始祖，其军事韬略、战争谋略、战法战术、军队建设、战争准备等思想的高明、深邃、可贵之处，就在于其全面性、创造性、开拓性，他不是单纯地就军事而论军事，而是从哲人智慧的高度，以聪明政治家的眼光，将政治与军事、治国与理军紧密联系起来，融为一体加以论述。这就使他的军事韬略、谋略颇具全面性、深刻性、精辟性，因而为历代的哲学家、政治家、军事家所推重，并产生了巨大的影响。《六韬》作为中国古代伟大的军事著作，在宋代被列为《武经七书》之一，作为武学教本，成为武将们必读的兵书。两千多年来，《六韬》与其他"武经"一样，从先秦至现代，不断有人注释、讲解、校勘、阐扬，挖掘其思想宏旨奥义，吸取其思想精华，经久不衰，至今愈盛，充分展现了其光辉的思想价值和不朽的生命力。我们应当珍惜这份宝贵的历史文化遗产，使之在新时代更加发扬光大。

三、周师齐祖，
治国有道

（一）兴周灭纣功第一

姜太公被周文王请回岐邑后，即被拜为统领三军的太师，于是开始协助周文王"阴谋修德，以倾商政"，为灭商悄悄地做着准备工作。姜子牙帮助周文王主要做了三个方面的工作：

第一，就是修德爱民，发展生产，增强自身实力。姜太公认为"国之大务，爱

民而已""王国富民，霸国富士，仅存之国富大夫，亡道之国富仓府""利天下者，天下启之，害天下者，天下闭之。天下者非一人之天下，乃天下之天下也"。只有爱民富民、与民同利，才能取得天下。在姜太公的大力辅佐下，周文王大力发展农业生产，敬老慈少，与民同乐，教化百姓，移风易俗，因而使得岐周的国力大为增强，为剪灭商的盟国打下了坚实的基础。

"西伯阴行善，诸侯皆来决平，耕者皆让畔，民俗皆让长"，便是岐周国强民富、威望空前的绝好证明。

第二，就是帮助周文王积极争取同盟国，扩大岐周的影响。由于受周人谦让品行的感动，虞、苗等一些小国都纷纷归顺周朝。在文王断"虞、苗之讼"的当年，就有四十多国叛商而归周，咸尊西伯为王，并深有感慨地说"西伯盖受命之君"。这样一来，使得岐周的国力和威望大大增强了。

第三，剪商益周，扩大岐周的势力范围。首先周文王对西部的犬戎和密须（今甘肃灵台）大举征伐，解除了后顾之忧。然后又挥师东渡黄河，灭掉黎国（今山西长治西南）、邢（今河南沁阳），从邢又回师灭掉了商王朝西部的重要同盟国崇。随着周国势力的日益扩大，周文王在沣水西岸修建了丰京（今陕西长安县西北）。周的统治中心随即转到沣

河西岸，这里是近山平原，接近水道，筑城可自守御乱，更有利政治发展和军事进攻，周人灭商的主观条件至此业已成熟。

文王在世时，由于听从姜太公之谋计，并在其大力襄助下，修德施恩，征服戎狄，争取同盟，剪商益周，大作丰邑，结果导致了"天下三分，其二归周"局面的形成。这就为武王继承父业，攻灭大商，奠定了坚实的基础。此时，周国政治、经济和军事力量等各个方面都大大地超过了商王朝。

姜太公不仅辅佐文王完成了灭商的准备工作，而且亲自参加了武王灭商的战斗，并担当着三军统帅的要职，为灭商建周立下了汗马功劳。武王继位后，以"太公望为师怒，薄称为师尚父"，"帅修文王绪业"。他所

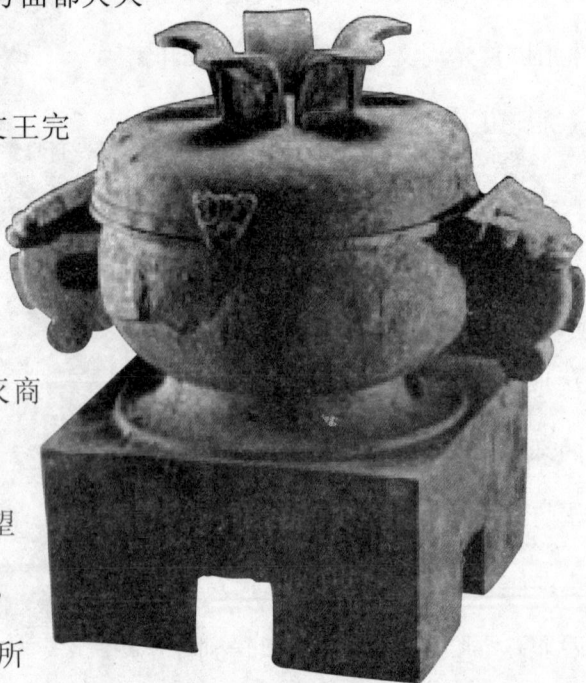

做的第一件大事，就是进行试探性军事行动以观天下人心向背，从而为灭商决策寻找事实依据。为此，在他继位的第二年，就举行了声势浩大的"孟津观兵"活动，武王"东观兵，至于盟津"。而后立即对司马、司徒、司空和各级将领发布了战前总动员令，他慷慨激昂地讲道："我秉承先父之遗业，续举灭商之大旗，你们各位一定要大力支持，努力作战，我一定会依功行赏的。"在武王的动员令结束后，姜太公作为三军总指挥，向各级将领宣布了严格的军事纪律："维尔众庶,与尔舟揖,后至者斩。"此时,"诸侯不期而会盟津者八百诸侯",皆曰："纣可伐矣。"但武王和姜太公认为殷纣王虽然已众叛亲离,但内部尚无土崩瓦解之兆,于是毅然还师归兵。通过这次观兵,使得武王和姜太公更进一步认识到殷纣王已是众矢之的,天下的民心向背已转向了岐周的一方,形势对岐周已更为有利,因此更加坚定了武王灭商的信心。

"孟津观兵"过去两年之后,殷纣统治集团内部发生了激烈的冲突和分裂,殷纣王也愈益"昏乱暴虐滋甚,杀王子比干,囚箕子。太师疵、少师强抱其乐器

而奔周"。姜太公和武王认为殷纣王确已到了外内弃之、孤立无援的地步，于是武王遍告诸侯曰："殷有重罪，不可以不毕伐。"但武王对此战仍有重重顾虑，遂召太公望而问之："吾欲不战而知胜，不卜而知吉，使非其人，为之有道乎？"姜太公答道："有道，王得众人之心以图不道，则不战而知胜矣，以贤伐不肖，则不卜而知吉矣；彼害之，我利之，虽非吾民，可得而使也。"武王曰："善。"于是，"乃尊文

王，遂率戎马三百乘，虎贲三千人，甲士四万五千人，以东伐纣"。二月甲子日黎明，周军与诸侯兵抵达牧野，武王就地召开誓师大会，历数纣王听信妇言、不祭祖先、不任亲族、残杀忠良、暴虐百姓等滔天罪行，号召各路诸侯，奋起歼敌。此时，纣王急忙驱七十万奴隶兵和俘虏兵仓促上阵迎战。面对"殷商之旅，其会如林"的众寡悬殊，姜太公毫无畏惧之色，亲率一百多勇士前往商军挑战，以挫商军之锐气，然后派大部队向商军发起总攻，由于商军是临时拼凑起来的，又大都不愿为纣王卖命，所以"皆畔纣"降周，牧野一战，以周军的全胜而结束。在战斗中，姜太公表现得异常勇敢，他率领军队，就像雄鹰一样扑向敌阵，纵横驰

骋，所到之处，众皆披靡。正如《诗经·大雅·大明》所描写的那样："牧野洋洋，檀车煌煌，驯骊彭彭，维师尚父，时维鹰扬。凉彼武王，肆伐大商，会朝清明。"牧野之战，标志着我国历史上统治长达五百多年时间的殷商王朝的覆灭和西周王朝的正式诞生。为此，姜太公是首功一件，正如太史公司马迁在《史记·齐太公世家》中所说的那样："迁九鼎，修周政，与天下更始。师尚父谋居多。"

（二）创建齐国为始祖

由于姜太公在辅佐文、武治国安邦，灭商建周活动中，立下了头等功劳，因而，周初实行分封制时，他被首封于营丘，国号曰"齐"。受封之后，他即率姜族部众"东就国"。一路上，他晓行夜宿，动作很是迟缓，相向而行的路人就劝谏姜尚道："吾闻时难得而易失。客寝甚安，殆非就国者也。"姜尚听到劝言之后，即刻醒悟，于是连夜赶路，到第二天黎明时分便到了营丘。此时，武王虽然攻灭了商纣的中央军，占领了王都之地，但是边远地区仍然处于混乱无序的状态。所以，营丘附近的莱夷便乘机来攻

打营丘，以与姜太公争国。姜太公的及时到达，成功地粉碎了莱夷的进攻，确保了营丘的顺利占领。

姜太公在营丘稳住脚跟之后，即开始修明政治，治理齐国。在治国的指导方针上，他确定了因地制宜的策略。积极发展齐国的经济，使得齐国迅速地强大起来。

《史记·货殖列传》说：

太公望封于营丘，地泻卤，人民寡，于是太公劝其女工，极技巧，通鱼盐，则人物归之，缀至而辐辏。

太公以齐地负海，泻卤，少五谷而人民寡，乃劝以女工之业，通鱼盐之利，而人物辐辏。

昔太公封于营丘，辟草莱而居焉。地薄人少，于是通利末之道，极女工之巧。是以邻国交于齐，财畜货殖，世为强国。

正是因为齐地十分贫瘠，因而经营农业，是没有希望的。姜太公于是便"因其俗"，积极发展手工业和商业，以至于使齐国成为西周王朝十分倚重的、人口众多的头等强国。到姜太公的十二代孙齐桓公时，齐国便首创霸业，"九合诸侯，一匡天下"。此后，一直保持强盛之势。

先后吞并了莱、谭、项、遂、江、郡等三十
多个华夷诸侯国，形成为东方民族融合
的中心。这些与太公打下的坚实基础都
是分不开的。

至周成王时，周公辅政，此时，淮夷
反叛了西周王朝，于是周公"乃使召康公
命太公曰：'东至海，西至河，南至穆陵，
北至无棣，五侯九伯，实得征之'"。受命
之后，姜太公便在东西三千里，南北两千
里的广袤地区内，南征北战，平东扫西，

实施了强有力的统治，"齐由此得征伐，为大国，都营丘"。

齐国在创立后很短的时间内，即能迅速富强起来，这首先是与太公姜望自身才能出众分不开的，正像《说苑·杂言》中所形容的那样："太公田不足以偿种，渔不足以偿网，治天下有余智。"其次，是与姜太公正确的用人方针分不开的。太公望和周公旦在一起讨论"何以治国"这个问题时，太公望认为要将国治

好，最重要的是："尊贤尚功"。只有尊重
有才能的人，崇尚有功劳的人，这些人才
能奋发有为，因而才能调动其治理国家
的积极性，如此国才能大治。正是因为姜
太公本身治国才智有余，再加之采取了因
地制宜，尊贤尚功的正确政策，所以，齐
国才会在很短的时间内突飞猛进般地发
展起来，由此辉煌的成果亦可反衬出太
公的才智超群。

（三）足智多谋冠古今

姜子牙的深谋远虑，在兴周灭商中起了极为重要的作用。谋略，即计谋策略。《孙子·谋攻篇》曰："故上兵伐谋。"《淮南子·兵略训》云："防敌之萌，皆在谋略。"可见谋略在兵战中的重要性。"兵者，诡道也"，说的正是这个道理。姜子牙的足智多谋，在兴周灭纣中，屡屡显灵，次次胜利，以至于被后世人们神化为无所不能的万神之主，并演绎出了一本家喻户晓的神话名著《封神演义》，足见姜太公谋略之深远。周文王时，商人对

周族在西方的崛起已经十分警惕，先杀
季历，后囚文王于羑里。在这种情况下，
如果周人仍肆无忌惮地发展实力，必然
遭到商王朝的严厉打击而达不到发展壮
大的目的。针对这种情况，依据商强周弱
的形势，姜太公及时做出了"韬晦待机"
的决策。他说："翰鸟将击，卑飞敛翼，
猛兽将搏，鲜耳俯伏，圣人将动，必有遇
色。"文王从其言，装出沉于声色之相，
"为玉门、筑灵台，相女章，击钟鼓，以

待纣之失也"。纣王果然中计，"闻之曰：'周西伯改道易行，吾无忧矣'"。于是商纣王就放松了对岐周的警惕，结果周国在声色之相的掩护下，励精图治，专心致力于修德爱民、争取人心、瓦解商的盟国、削弱商的影响等灭商的准备工作，不久便将殷商王朝灭掉了。这就证明了姜太公的"韬晦待机"谋略是无比正确的。这个例子只是姜太公诸多计谋中的一个，关于他的谋略成功的记载，在《史记·齐太

公世家》中尚有多次论及：

周西伯昌之脱羑里归，与吕尚阴谋修德以倾商政，其事多兵权与奇计，故后世之言兵及周之阴权，皆宗太公为本谋。周西伯政平，及断虞、芮之讼，而诗人称西伯受命曰文王。伐崇、密须、犬夷，大作丰邑，天下三分，其二归周者，太公之谋计居多。

又：

散鹿台之钱，发拒桥之粟，以贩贫民。封比干墓，释箕子囚，迁九鼎，修周政，与天下更始，师尚父谋居多。

　　由于姜太公谋略超群，又百战百胜，所以刘永恩先生将其称为我国谋略家的开山鼻祖，诚不为过。因为太史公老先生亦早有评说："故后世之言兵及周之阴权，皆宗太公为本谋。"

　　由于姜太公的文韬武略，高超智慧，卓越才能，故使周文王"立为师"，辅佐文王修德爱民，强兵兴邦，使周成为西方大国。文王崩，武王即位，太公更受崇敬，而被尊为"师尚父"。姜太公辅佐周武王讨伐殷纣王，完成了灭殷兴周的大业。在周灭殷的整个过程中，"师尚父谋居多"，就是说，姜太公是第一功臣。

周灭殷而代殷后，大封功臣谋士，以首功封姜太公于齐，建都营丘。"太公至国，修正，因其俗，简其礼，通工商之业，使鱼盐之利，而人民多归齐，齐为大国。"姜太公作为齐国始祖，推行了一系列得民心、合民意的政治、经济、道德、民俗的改革措施，使齐国逐渐强盛，成为东方大国。因此，姜太公的文治武功，道德业绩，为千古称颂，万民敬仰。

四、千秋功业，泽及后世

（一）行合天地，德配阴阳

姜太公从"齐之逐夫，朝歌之废屠，子良之逐臣，棘津之仇不庸"，到周文王之"师"、周武王之"师尚父"，而为周朝的一人之下万人之上的最高长官，既主军，也问政，辅佐文王、武王成就灭商兴周、举义伐暴而救民于水火的宏图大业。从周文王被商纣王"拘羑里"，姜太公与散宜生等设计谋划救文王,文王被救脱离羑里,返回周国后,修德振武,以求倾商等一系列文武措施、文德武功等,"皆宗太公为本谋"。文王修政治国安民,政通民和,进而征讨伐崇、密须、犬夷诸国,到最终使"天下三分,其二归周",文王之政是太公之治,文王之兵是太公之谋。就文王而言,得救是其倾商大业的前提、根本,如果文王不得救而被囚,则一切倾商活动,便是天方夜谭。所以救文王是太公的首功大德。

周文王驾崩,周武王即位。武王继承文王之志,继续修

文王之业，准备倾商伐纣的大业，从孟津会盟八百诸侯，到"与太公作此《泰誓》"，亦都是太公之谋。这既是孟津会盟誓师大会的示众誓言，亦是为倾商伐纣作舆论准备，表明讨伐民贼的决心，表达正义者行仁的声音，以取得各诸侯国及广大民众的支持。

姜太公与周武王作《泰誓》后，在作了舆论准备、政治动员、表明决心后，等待时机，以求伐纣成功。两年后，纣王杀害王子比干，囚禁箕子，罪恶愈甚。伐纣时机已

到，武王将要举兵伐纣。占卜吉凶，龟兆不吉，又正值暴风雨，其他诸公都认为是凶兆而害怕，只有姜太公劝周武王按计划进军伐纣。经过牧野大战，纣师大败，斩杀纣王，获得全胜。灭商诛纣后，开仓赈济万民，改元更化，修德仁民。姜太公封到齐国之后，更是以德治民，修政便民，发展经济，民富国强，使齐国为东方泱泱大国。

周朝之兴，如果没有姜太公之计救文

王和姜太公之谋劝武王伐纣，则倾商兴周
大业便无从谈起，所以司马迁反复强调在
倾商兴周的过程中，"皆太公为本谋""太
公之谋计居多""师尚父谋居多"。这是中
肯公允、符合历史事实的确论。

　　姜太公之所以能有如此智慧谋略，
建立伟业，实现宏图，就在于他通天地变
化之道，知阴阳大化之理，晓治国安邦之
略，精用兵制敌之术，有仁爱生灵之心，
怀救民济民之志。他相信人事、人力，而

不相信天命、神力。所以他能力排众议，抓住战机，适时伐纣，取得胜利。此非大智者不能为，非大勇者不敢为。

姜太公之所以能"自布衣升三公之位"，而为文王、武王之师，辅佐文王、武王完成灭商兴周大业，并"累世享千乘之爵"，就在于他仰观天文，俯察地理，中通人事，故能因势利导，抓住时机，顺天应人，夺取胜利。倾商兴周，以此大功，造福当世，解民倒悬，恩及后世，千古流芳，众人敬仰，贤人称赞。

（二）兵家宗师，齐国兵祖

　　姜太公作为周师齐祖，其千秋功业，不仅在政治兴国、仁政治民、经济富国、理财惠民，而且在军事韬略、吊民伐罪、除暴安民。

　　姜太公是中国第一位军事谋略家、武圣人。姜太公的军事谋略智慧、用兵指挥艺术，在出山前已胸有成竹、理论大定，在倾商伐纣中已付诸实践、取得

成功，为齐国兵论兵略奠定了理论基础，为以后兵学兵智提供了理论前导，可以说"齐国兵论冠天下""中国兵学甲天下"，都与姜太公的军事智慧、韬略思想有密切的关系。就此而言，太公实为兵家宗师、武学鼻祖。

中国兵学博大精深的思想体系，严密完整的逻辑结构，蕴意无穷的谋略智慧，丰富多彩的思想内容，变化多端的指挥艺术，延绵不断的发展脉络。就此而论，太公之功，功莫大焉，太公之业，泽及后世。择其要者，论述如下：

兵为大事，不可不察。战争由来已久，并在人类的社会生活中居于重要地位，起着重要的作用。随着战争作用的突显，地位的提高，人们把"兵"视为"国家之大事"。以姜太公为鼻祖、为代表的中国兵家，都重视战争、准备战争，因而使中国的战争理论、军事谋略、指挥艺术极为精彩，寓意深刻，内容丰富，体系完整，为人类文明作出了杰出的贡献，这都与姜太公的军事思想及其所开创的齐国兵家的军事智慧有密切

关系。

天时地利，人和者胜。姜太公的兵略、兵智，极为重视天、地、人在战争中的地位和作用，认为只有"上知天道，下知地理，中知人事"的将帅，才能全面谋划战争，决策战争，指挥战争，获得胜利。姜太公深知"天下非一人之天下，乃天下之天下也……道之所在，天下归之"的道理，人心向背，决定战争的胜负，所以他

注重民心、民意，强调人和、心同，故能辅佐武王顺天应人，伐纣胜利。

仁义为本，修德禁暴。姜太公论兵、用兵，非单纯就兵论兵，崇尚武力，而是尚"文韬"，重"文伐"，先文后武，文武兼备。就是说，文事先于武备，文德重于武力，主张以仁义道德服人心，不以穷兵黩武征服天下。因此，应以仁义为本，使天下人心归服，用兵者在禁暴除害，非为

炫耀武力杀人。这就是战争的正义性和
目的性的问题，太公对此认识明确，用之
适当，修德振武，吊民伐罪。

中国古代的兵论、兵法、兵书、战
策、战术等一整套的军事理论学说，就
其最早发端、形成体系、构成学说来说，
都始自齐国，源自太公，所以说太公为兵
家宗师、齐国兵祖、中国武圣是当之无愧
的。可以说，没有太公理论及其所建立的
齐国兵家，则不会有如此博大精深、智谋

高超、理论完整、源远流长、延绵不断、影响巨大的中国兵学理论学说。今天，我们在研究中国古代的治国方略、用兵之道时，不能不重视太公的杰出贡献、思想价值。

（三）千秋功业，后人称赞

姜太公的道德功业，为后人所推崇、

称颂。有人把他由人变为神，列位神仙之首，说他能呼风唤雨、使神役鬼；有人把他尊为"兵家鼻祖"；齐人称他为"天齐至尊"等等。历代文人墨客、哲人智士、兵家武士，都在诗词文论、兵书战策中，抒发情怀，对他称赞有加。他们或观太公留下的历史遗迹而抒发己志，或以太公事迹为据而引申己论，颂扬其功。

在《诗经·大明》中写道：

牧野洋洋，檀车煌煌。

驷騵彭彭，维师尚父。

时维鹰扬，凉彼武王。

肆伐大商，会朝清明。

在诸多赞诗中，对姜太公一生功绩给予高度概括、评价的要算《封神演义》的作者许仲琳的《姜元帅赞》：

六韬留下成王业，妙算玄机不可穷。

出将入相千秋业，伐罪吊民万古功。

运筹帷幄欺风后，燮理阴阳压老彭。

亘古军师为第一，声名直并泰山隆。

对姜太公一生的千秋功业，不仅有诗词歌颂，而且经史文论，多有盛赞。

人们不仅重视他的著作和智能的价

值，还十分尊崇他高尚的人格和不懈奋
斗的精神，怀念他对正义、对文明的不懈
追求；困难，他不退却，不屈服，不低头；
饥饿，也不理会；沉沦，他不屈服；年高，
他不服老。对自己的理想、信念和追求毫
不动摇。他是有志不嫌年高，大器晚成，
"使老者奋"的典范，他永远是中华儿女
的自豪和骄傲。

　　在历史悠久、源远流长、延绵不断的中华民族传统思想文化中，齐鲁文化是主要来源，集中代表了炎黄这一思想体系的传统文明。在远古时代，炎帝、黄帝为首的两个部落，已开始结合。经过漫长的历史发展，已融合成为一个民族。在周初，

代表这两个部族的两个伟大历史人物，一个是封于齐国的炎帝后裔姜太公，一个是封于鲁国的黄帝后裔周公旦。我们说，假如没有周公的文韬和姜太公的武略，作为"小邦周"是很难战胜"大国殷"的，即使是战胜了，也难以巩固，并创造出那样灿烂辉煌的周代文明。

姜太公一生坎坷多磨而又轰轰烈

烈、神秘莫测，确实称得上是奇人、奇
事、奇男子。综观太公一生的建树，无论
军事、政治、经济思想等方面，都有卓越
贡献，其中尤以军事最著，所以太史公言
"后世之言兵及周之阴权皆宗太公为本
谋"，称得上兵家之鼻祖，军事之渊薮。

姜太公是中国历史上一位全智全能的人物，也是中国文艺舞台上一位"高、大、全"的形象，还是中国神坛上一位居众神之上的神主。作为宗教中的神仙，他是武神、智神，被奉为"太公在此，百无禁忌"的护佑神灵。

周朝从古公亶父起，就盼望能得到一个圣人，一位武能安邦、文能治国的贤才，来辅助周国实现灭殷兴周的任务，所以名太公为"太公望"，到武王执政时，又以"师尚父"相称，尊宠权贵无以复加。文王所命太公之"师"即"太师"，是西周王朝"三公"中的最高长官，既主军，也问政。时有"天下三分，其二归周者，太公之谋计居多"之言，足见太公在周朝中的地位之重。

姜太公是一位满腹韬略的贤臣和非凡的政治、军事家，一直受到历代统治者崇尚，这在《诗经》等唐朝以前的许多史料及文学作品中颂文颇多。

到唐代，太宗即位后，外夷相侵，内患未除，政局动乱，国家面临着百乱待治、百废待兴的局面，为了达到"安人理国"的目的，太宗便自称是姜太公的化身，更在磻溪建立太公庙，他用这一举动告诉人们，他要像周文王一样访贤并重用姜太公那样的贤臣良将，他后来果然得到了一大批治世理国的人才，终于实现了"贞观之治"。唐玄宗为求国内安宁，需要像姜太公那样披肝沥胆、呕心沥血的勤勉事主的人才，

他于开元十九年（731年）敕令天下诸州
各建一所太公庙，并要求以张良配享，在
春秋仲秋月上戊日祭祀。每当发兵出师或
各将领及文武举人应诏，都要先去太公
庙拜谒。开元二十七年（739年）追谥姜太公为"武成王",成为中华民族的"武圣人"。宋神宗熙宁五年(1072年)为抵御外寇入侵,下令要求各级军事将领必读《太公兵法》。

直到今天,我们在研究中国古代的治国方略、用兵之道时,都不能不重视太公的杰出贡献、思想价值。中国古今著名的军事家孙武、鬼谷子、黄石公、诸葛亮等都学习

吸收了太公《六韬》的精华，太公的文韬武略被当今世界上的政治、经济、管理、军事、科技等各个领域所借鉴。

太公治国，确立了"因其俗，简其礼，通商工之业，便鱼盐之利"的治国方针，在齐国数百年的发展史上，代代相传，产生了巨大的影响，确立了齐文化的历史地位。

太公已去世三千余年了，人民出于崇敬他的高尚人格，悼念他的丰功伟绩，以

朴实的感情创造出很多神话故事来歌颂
他，说他曾在昆仑山学道，后奉师命下山
助周灭商，灭商之后又奉师命发榜封神。
《太平御览》和《封神记》等书更是逐步
把他加以神化。到了明代，许仲琳编著了
一部《封神演义》，把姜太公说成是统领
天下所有神的神了，太公神奇而威严，成
为驱邪扶正的偶像。这些虽然超出了历
史的真实，但却反映出姜太公在人们心目
中的崇高地位。